AF390325

CONNEXION RÉTABLIE

Brigitte Séphora BOMPARD – Cohéritière

Témoignage

© 2026 Brigitte-Séphora BOMPARD – Cohéritière

Titre : CONNEXION RÉTABLIE

Tous droits réservés. Aucune partie de cet ouvrage ne peut être reproduite, stockée dans un système de récupération ou transmise, sous quelque forme ou par quelque moyen que ce soit (électronique, mécanique, photocopie, enregistrement ou autre), sans l'autorisation écrite préalable de l'auteur, sauf dans le cadre de courtes citations utilisées dans un contexte critique ou pédagogique.

Auteur : Brigitte-Séphora BOMPARD
Pseudonyme : Cohéritière

Éditeur : **VIDAPPEL Éditions**, France
Indicatif éditeur : **978-2-489131**

Responsable de la publication : Brigitte-Séphora BOMPARD

ISBN : 978-2-489131-00-0

Première édition : AVRIL 2026

Dépôt légal : AVRIL 2026

Notice bibliographique : cet ouvrage est référencé dans les catalogues bibliographiques des bibliothèques.

Couverture : VIDAPPEL Éditions

Imprimé en Europe.

SOMMAIRE

PRÉFACE

RÉPONSE À L'APPEL

Ce livre est né d'un feu intérieur, d'un amour qui déborde.

Non pas d'un amour humain, instable ou conditionnel, mais de l'Amour parfait : celui de Jésus-Christ.

J'appartiens à Christ et cette identité nouvelle, cette transformation remplissent mon cœur d'une joie immense.

Pourtant, je ne peux ignorer la tristesse que je ressens pour ceux qui n'ont pas encore trouvé le Chemin, ou qui se sont éloignés de Lui et ont perdu la connexion au Divin.

Je pense à eux.

Je prie pour eux.

Et j'écris pour eux.

Mon vécu dans la communauté gitane, et le respect que je partage avec mon conjoint marocain pour nos différentes traditions, m'ont appris une chose essentielle : la recherche spirituelle est universelle.

Ce témoignage parle de ma foi chrétienne et s'adresse à toute personne, quelle que soit sa culture ou sa croyance.

Si tu cherches la vérité, peu importe ton origine ou ta foi actuelle, ce livre est aussi pour toi.

Mon désir le plus profond, en te racontant ce que j'ai vécu, est que le plus grand nombre d'âmes soient sauvées.

Je ne cherche pas à t'imposer ce en quoi je crois.
Je sais que je n'ai pas le pouvoir de te convaincre.

Je veux simplement partager mon histoire avec toi et te confier comment j'ai retrouvé la vie.

Peut-être qu'un jour, cela pourra te servir.
Dieu seul le sait.

Dans ce livre, je partage avec toi ma foi ainsi que mon vécu personnel.

J'espère de tout mon cœur que **« Connexion rétablie »** puisse avoir un véritable impact dans la vie de chaque lecteur.

Je suis née dans la communauté gitane, un monde aux traditions fortes, où certaines mentalités peuvent enfermer.

Dès l'âge de 15 ans, j'ai commencé à être perçue comme rebelle, insoumise, féministe. J'étais considérée comme une marginale.

Avec du recul, je me rends compte que j'étais simplement une jeune fille normale pour la société, lucide, en quête de justice et de liberté.

Ce que l'on appelait « rébellion » n'était rien d'autre que le cri d'un cœur qui ne voulait pas se contenter d'un rôle imposé.

Il n'y a là aucune accusation contre mes origines, ni rejet de mon passé.

Ce livre raconte à la fois des moments de ma vie et ma relation avec Dieu.
Il dévoile aussi des sentiments profonds, les miens, restés jusqu'ici bien cachés derrière ma carapace.

Le message porté dans ces pages, c'est la **puissance de Dieu** et l'**Amour** qu'Il a manifesté dans ma vie.

Je veux simplement te dire, à travers « Connexion rétablie », que ce que Dieu a fait pour moi, par Son **Amour** infini, Il peut le faire pour toi aussi.

C'est un **témoignage de transformation** et d'amour.

Il n'y a rien que j'aie fait pour mériter cela.
Rien que j'aie pu offrir pour être sauvée.

Tout est grâce.

Ce livre est pour toi.

Pour celui qui cherche sans savoir quoi.
Pour celui qui doute.
Pour celui qui a été blessé par l'Église ou par la vie et ne sait plus vers qui se tourner.

Il est pour la femme ou l'homme qui, au fond de lui, espère qu'il existe quelque chose de plus grand que l'existence sur cette terre.

Ce livre est une main tendue, une lampe allumée dans l'obscurité, une invitation à établir ou peut-être rétablir la **connexion** avec Celui qui est *« le Chemin, la Vérité et la Vie »* (Jean 14 : 6).

Je me sens tellement aimée que je ressens le besoin et le devoir de le partager.

Cette transformation, cette foi, cet **amour** sont si débordants que j'ai envie de crier au monde entier la Source intarissable, inépuisable de cette joie **impossible à décrire.**

Jésus offre une paix que le monde ne peut pas donner.

Qui ne dépend pas des circonstances.
Ni des gens.
Ni des événements.

C'est bien plus qu'une paix : **c'est l'Amour du Dieu Vivant.**

Page après page, Connexion rétablie veut t'inviter à découvrir cette Paix et cet Amour qui viennent du ciel et apportent une véritable guérison.

C'est cela que j'espère te transmettre à travers mon témoignage.

Je crois de tout mon être qu'il est de notre devoir, de notre responsabilité à nous chrétiens, de proclamer la Bonne Nouvelle :

Jésus-Christ a été crucifié pour nos péchés.

Il a versé Son Sang pour nous sauver ;
Il est ressuscité et par Ses meurtrissures, nous sommes guéris.

Il a tout accompli.
Il a vaincu la mort pour nous offrir la vie éternelle.

Il nous tend la main encore maintenant, car Il est le même hier, aujourd'hui et éternellement.

« Connexion rétablie » est un message d'**Amour**, d'Espoir et de **Connexion** retrouvée qui t'est partagé.

Alors toi qui t'apprêtes à lire ce livre-témoignage, je prie que Dieu te donne la révélation dont tu as besoin.

Que tu puisses prendre conscience que Jésus-Christ a donné Sa Vie aussi pour toi et qu'Il t'aime d'**un Amour** capable de changer ta vie comme Il a changé la mienne.

Tu n'es pas un hasard.
Tu n'es pas oublié.
Tu n'es pas trop loin, non plus, pour retrouver ta véritable identité et revenir à Lui.

Je t'invite à tourner les pages avec un cœur ouvert, sans réserve ni barrière.

Peut-être que certaines parties te toucheront.
Peut-être que d'autres t'interpelleront, ou te dérangeront.

C'est normal.
L'Amour véritable confronte aussi, parce qu'Il veut le meilleur pour nous.

Dieu veut illuminer ton chemin et établir ou rétablir, comme pour moi, cette **Connexion** avec Lui.

Il ne veut pas juste te consoler.

Il veut te restaurer.

Il veut t'adopter.

Il veut t'aimer.

Puis, si tu n'y crois pas, pas encore :

Laisse-Le simplement t'approcher et te guider.

S'il frappe à ton cœur, laisse-Le entrer.

Un simple oui peut transformer toute ta vie.

Ce livre est une offrande, une réponse à l'appel

que Dieu m'a lancé.

Il est pour toi.

« Car le Fils de l'homme est venu chercher et sauver ce qui était perdu. » (Luc 19 : 10)

NOTE AU LECTEUR

Ce livre est un témoignage personnel, il raconte mon expérience et mon parcours.

Les événements, les relations et les lieux évoqués sont présentés avec le souci de respecter les personnes et le vécu de chacun.

Ils reflètent un cheminement intérieur, marqué par des épreuves, des remises en question et des transformations.

Certains passages abordent des sujets sensibles tels que la souffrance, les relations familiales, la culpabilité, le pardon ou la recherche de sens.

Ils sont proposés comme des éléments de réflexion.

Ce récit présente une histoire unique, il invite le lecteur à accueillir ces pages avec discernement et liberté, puis à y trouver, s'il le souhaite, des points communs avec sa propre vie.

CHAPITRE 1

HÉRITIÈRE PAR ALLIANCE

Je suis née dans une famille chrétienne. J'ai un frère, Charles, ainsi que deux sœurs, Naomi et Laura.

Je suis l'aînée, et du plus loin que je me souvienne, j'ai toujours connu l'Église.
J'y allais depuis l'enfance, à chaque culte et à chaque réunion.

C'était notre rythme de vie, notre façon de vivre.
C'était une relation avec le Père céleste, une soif de Sa Parole.

Pendant les réunions, mes cousins et mes cousines jouaient dehors ou dans un coin de la salle, alors que moi, j'étais obligée de rester tranquille, près de mes parents.

Même si je ne comprenais pas toujours pourquoi, je restais là, assise.
J'écoutais le pasteur prêcher.
J'écoutais les chrétiens chanter des cantiques.

En revanche, si j'avais l'autorisation d'aller jouer avec les autres, ce qui était rare, j'y allais en courant.

Je n'étais qu'une enfant.

Aujourd'hui, je reconnais que c'est ce qui m'a permis d'apprendre sans m'en rendre compte.

Je réalise alors que Dieu a permis tout cela dans un but.

Ce qui me semblait parfois être une contrainte à l'époque devenait en réalité un socle dans ma vie. Sans même en prendre conscience, je recevais une base solide dans la Parole.

« Instruis l'enfant selon la voie qu'il doit suivre ; et quand il sera vieux, il ne s'en détournera pas. » (Proverbes 22:6)

Je me souviens aussi que, lorsque **ma mère** Rosita, pour une raison ou une autre, ne pouvait pas aller à la réunion, je pleurais jusqu'à ce que

mon père Valentino veuille bien m'emmener avec lui.

Je m'accrochais à ses jambes pour qu'il ne parte pas sans moi.

Lui faisait semblant d'avoir du mal à marcher pour essayer de me dissuader (je crois) et il me traînait sur quelques pas pour jouer, puis il cédait quasiment toujours.

À chaque fois que « ma technique » marchait, j'étais trop contente.
J'étais persuadée de « gagner ».

J'étais encore toute petite, à peine en primaire, mais il y avait en moi une attirance vers ce que je percevais déjà comme essentiel.

Ce n'était pas un caprice : c''était devenu une faim, une soif.

Avec Dieu, il n'y a pas de hasard.
Il a posé Son regard sur moi.

Il m'a aimée le premier.

Mon père dit souvent :

« Il y a dans le cœur de l'homme beaucoup de projets, mais c'est le dessein de l'Éternel qui s'accomplit. » (Proverbes 19:21)

Ce verset était déjà valable pour moi, car le Père céleste me connaissait avant même ma naissance.

Être dans la présence de Dieu était pour moi un besoin profond même si cela passait inaperçu aux yeux de mes parents.

À la maison, le mode de vie spirituel continuait.

Je jouais souvent à « l'Église » avec ma petite sœur Naomi ou bien avec une cousine.
On mettait un foulard sur la tête pour prier.
On chantait des cantiques, comme à l'église.

Quand d'autres enfants jouaient à la maîtresse, à la coiffeuse ou à la maman, nous, on imitait ce que l'on voyait faire par nos parents.

On ne comprenait pas toujours la portée de nos gestes, mais quelque chose de spirituel se tissait déjà en nous.

Ce n'était pas notre seul jeu, bien sûr, mais c'était fréquent.
Ce que l'on relevait dans le comportement de nos parents était un témoignage constant.

Je voyais ma mère prier dans la maison, s'isoler dans la présence de Dieu et se confier à Lui.

Mon père, quant à lui, ne manquait aucun culte ou rarement dans mes souvenirs.
Il lisait la Bible, invitait les pasteurs à la maison, s'impliquait activement dans la vie de l'Église.

Des versets bibliques étaient accrochés aux murs de chez nous.

Je me souviens particulièrement de celui-ci :

« Moi et ma maison, nous servirons l'Éternel. » (*Josué 24:15*)

Ce n'était pas une simple décoration mais plutôt une bannière spirituelle au-dessus de notre maison.
C'était une déclaration remplie de puissance.

Mes parents parlaient aussi de Dieu au voisinage.
Mes parents étaient un modèle pour moi.

Leur foi sincère, leur engagement, leur cohérence entre ce qu'ils disaient et ce qu'ils vivaient, ont posé en moi de solides fondations.

Mon père remerciait Dieu par une prière, avant chaque repas, pour les aliments présents sur la table.

Mes parents remettaient quotidiennement tout entre les mains de Dieu.

Ce que je vivais était normal pour moi.

Et, ce normal était en train de devenir mon essentiel.

Le Saint-Esprit était présent dans nos vies.

Dès mon plus jeune âge, je comprenais déjà l'importance d'une vie en relation avec l'Éternel.

Je voulais Lui être agréable, non par peur, mais par amour.

Je voulais faire partie de Son Corps.

Être cette épouse qu'Il va venir chercher, vêtue de blanc.

Être prête et fidèle avec une lampe remplie d'huile pour veiller jusqu'à Son retour.

À l'âge de 15 ans, on me propose le baptême par immersion et je ressens alors une immense joie.

Ce jour-là, je réalise que ce que j'allais recevoir en passant par les eaux du baptême, n'était pas simplement un engagement religieux, mais **une Alliance.**

En donnant mon cœur à Dieu et en reconnaissant que Jésus a donné Sa vie à la Croix du Calvaire pour me sauver, je comprenais qu'Il a surpassé tous les cadeaux dans ce monde.

Le prix payé est celui de Son Sang versé pour me racheter.

Par cet acte de foi qu'est le baptême, je reconnaissais que Jésus est mort pour moi.

À travers Sa résurrection et en Son Nom, je devenais plus que vainqueur.

Je ne faisais pas que me plonger dans l'eau.
Je me relevais dans une autre vie.
Une vie **en Christ**.

Je savais aussi qu'Il était le Dieu des miracles, le Dieu Tout-Puissant, capable de guérir les malades, de briser les chaînes et de faire fuir les ténèbres.

Car là où la lumière se trouve, les ténèbres fuient, dans le Nom de Jésus.

Accepter Jésus dans ma vie, devant témoins, était alors pour moi comme une fête encore plus précieuse qu'un anniversaire ou un Noël rempli de cadeaux.

Et pourtant, j'aime les cadeaux, mais celui-là dépassait tout :

Je devenais héritière de Son Royaume.

D'ailleurs je ne peux pas terminer ces phrases sans dire :

AMEN, AMEN ET AMEN !

J'ignorais ce que la vie allait m'apporter, mais à ce moment-là, mon cœur était en fête et aligné avec celui du Père.

Je croyais de tout mon être que rien ne pourrait jamais m'éloigner de Lui.

Il était ma Source de vie, de paix et d'amour. Je m'attendais à vivre une vie simple mais bénie, protégée et guidée par Sa Main puissante.

J'avais la conviction que Dieu avait quelque chose de préparé pour moi.

Déjà à cette époque, je savais que je faisais le bon choix.

J'avais une certitude :

*« **Jésus-Christ est le même hier, aujourd'hui, et éternellement.** » (Hébreux 13:8)*

NOTE DE CŒUR

Avant d'aller plus loin, je tiens à préciser que certaines parties de ma vie resteront volontairement discrètes dans ce livre.

Par pudeur et par sagesse, j'ai fait le choix de ne pas évoquer une part de mon passé, ni de mentionner certaines personnes.

Mon histoire, aussi marquée soit-elle par des épreuves, ne concerne pas seulement moi.

Ce livre a pour but d'édifier, de guérir et de glorifier Dieu.

Il ne s'agit pas de remuer le passé inutilement.

Il viendra peut-être un temps pour en parler autrement, dans un autre ouvrage.

Ici, je veux rester centrée sur le chemin de réconciliation entre moi et Dieu, et sur ce que Sa grâce a transformé dans ma vie.

Que tout soit pour Sa gloire, et non pour raviver des douleurs.

Le prochain chapitre que tu vas lire est certainement une partie de ma vie parmi les plus sensibles, pour ma famille et moi.
Il me rappelle des souvenirs, des émotions que j'aurais préféré ne pas révéler, mais l'Esprit me pousse à témoigner.

Je sais que mon vécu, aussi douloureux soit-il, peut être un canal pour toucher d'autres cœurs brisés et transformer des vies.

Je n'ai jamais écrit de livre avant.
Ce n'est pas facile.
Mais si cela peut aider une seule personne à rencontrer Dieu, alors je dis :

« SEIGNEUR, PRENDS TOUTE LA PLACE »

CHAPITRE 2

DOULEUR DISSIMULÉE

Le temps a passé et les années ont défilé.

Mon frère Charles, que nous appelons Charly, a grandi. D'ailleurs, **mes sœurs** Naomi et Laura aussi.

Tour à tour, nous avons chacun fondé notre famille et deux nouvelles générations sont venues s'ajouter.

Aujourd'hui, je suis maman de quatre filles.

De **Mélissa** née en 1996, **Naomi** née en 1999, **Kenza** née en 2003 puis **Sanae** née en 2014.

Mélissa et Naomi sont aussi devenues mamans, à leur tour et à ce jour, j'ai cinq petits-enfants.

Angel, Inaya et Selena, qui sont les trois enfants de Mélissa, puis **Laiyanna** et **Lyanna** qui sont les deux de Naomi.

JE LES AIME D'UN AMOUR INFINI.

Chacun, chacune est un cadeau précieux, un trésor sans prix et d'une grande valeur.

Leur histoire s'entrelace avec la mienne et c'est dans ce contexte familial que Dieu a continué Son œuvre en moi, parfois à travers des joies immenses, mais aussi au travers de tempêtes inattendues.

Un jour, à la suite d'une dispute dans laquelle des proches étaient mêlés, une rencontre a été organisée entre gitans.

Ce qui devait être une discussion s'est transformé en bagarre familiale, entraînant des conséquences.

Lors de cette journée où la bagarre a éclaté, mon frère **Charly** a été gravement blessé par un coup de fusil qui lui a fait perdre partiellement la vue d'un œil.

Cela a profondément marqué toute la famille.

Dieu faisait déjà partie de ma vie et je n'ose même pas imaginer ce que j'aurais été capable de faire sans Sa présence ce jour-là.

Par grâce, nous ne le saurons jamais.

À cette période-là, j'étais « bonne chrétienne » et, à part prier pour mon frère et ma famille, je ne pouvais rien faire d'autre.

Je demandais à Dieu de nous donner le courage et la force nécessaire pour surmonter cette épreuve qui a causé des blessures physiques, morales et psychologiques.

Peu de temps après, très vite même, des décisions prises par les dirigeants de ma congrégation de l'époque m'ont radicalement éloignée des réunions où l'Évangile est annoncé.

Comme j'avais été présente et mêlée à la bagarre, je recevais une sanction.

Pendant un mois, je n'avais plus l'autorisation d'aller dans ce lieu de culte.

À l'issue de ce mois-là, une prolongation me tombait dessus.
La date de fin n'était pas fixée et, selon moi, il n'y avait pas non plus d'explication valable.

Mon ressenti était que c'était là leur façon de me dire au revoir.
On me demandait gentiment de changer de congrégation mais je n'étais pas d'accord.

Pas avec cette décision.
Pas avec cette façon de faire.

J'estimais que si je n'avais pas le droit d'aller dans mon assemblée, alors je ne devais pas aller ailleurs non plus.

Pour moi, une sanction devait être applicable partout.
Peu importe l'assemblée.

À mes yeux, cette sanction devenait injuste : pourquoi est-ce que j'aurais été autorisée à aller ailleurs, mais pas dans mon assemblée ?

En peu de temps, je me retrouvais face à moi, à ma chair, remplie d'incompréhensions.
J'avais l'impression d'être mise dehors, comme si j'avais la peste.

Je me retrouvais seule, essayant de lutter par mes propres forces contre les pensées de ma chair.

Peu à peu, la culpabilité et la haine venaient s'infiltrer comme un venin mortel dans mon esprit, qui manquait de communion avec Dieu, mon Créateur.

Bien sûr, je n'avais pas conscience à quel point le diable avait commencé à s'immiscer dans ma vie.

En refusant d'aller dans une autre assemblée, j'étais inconsciemment en train de lui ouvrir une porte.

Un reproche intérieur et insoupçonnable grandissait : celui de n'avoir pas agi, de ne pas avoir réagi comme j'aurais dû, en tant que grande sœur, en tant qu'aînée de la fratrie.

Cette situation me donnait un sentiment d'impuissance, de culpabilité, mais c'était trop tard : cela était devenu en moi une plaie profonde bien enracinée.

Pardonner m'était devenu impossible.
Et me pardonner à moi-même, encore moins.

Peu à peu, je m'étais laissée piéger dans l'amertume, avec ce sentiment d'avoir échoué dans le rôle de la grande sœur censée protéger.

Le désir de vengeance, mais aussi une part de tristesse et de culpabilité, étaient devenus constants.

Ces pensées ne me quittaient plus.

Je tentais, tant bien que mal, de continuer à avancer malgré la douleur, en essayant de ne rien laisser paraître et de ne pas me laisser totalement envahir par mes émotions.

Parfois, il m'arrivait de retourner dans des assemblées chrétiennes, mais c'était vraiment occasionnel.

En général, lorsqu'un baptême avait lieu, je refusais l'invitation.
J'estimais qu'aller dans les lieux de culte n'était plus pour moi.

Je me souviens même d'un jour où j'ai croisé une personne qui marchait sur un trottoir alors que j'étais en voiture et, pensant que c'était l'agresseur de mon frère, l'idée de vouloir l'écraser m'a envahie.

Je me souviens de m'être fait peur à moi-même, rien que de penser à l'acte que j'aurais pu commettre.

Ce jour-là, justement, je sortais d'un baptême auquel j'étais allée exceptionnellement.
Et pour le coup, c'était encore pire.

Je me disais :
« Seigneur, je viens de sortir de ton église, et une envie de meurtre m'a envahie. »

Heureusement, Dieu n'a pas permis que ce soit la personne que je croyais.
J'étais toute tremblante à cause de ce sentiment incontrôlable.
Je pensais aux conséquences qui auraient pu s'en suivre si j'étais passée à l'acte.

Je pensais à mes filles, à mon conjoint, à mes parents, à mon frère et à mes sœurs.

Je savais que nous étions tous émotionnellement atteints et c'était encore plus douloureux de savoir que je ne pouvais rien faire pour ma famille.

Et, comme si cette première épreuve ne suffisait pas, une autre est venue frapper ma famille alors que nous étions déjà tous impactés et fragilisés.

C'est arrivé sans prévenir, comme un coup de massue.

CHAPITRE 3

DÉSERT DANS LE PUITS

Personnellement, je n'étais pas prête à supporter un nouveau coup de la vie, et d'ailleurs personne ne l'était.

Rien ne nous avait préparés à une telle déchirure.

Pourtant, cette nouvelle épreuve est venue s'ajouter et peser sur nous, comme un clou qui s'enfonce un peu plus chaque jour dans le cœur.

La séparation brutale et inattendue avec Mélissa, ma fille aînée, est survenue, accompagnée d'une rupture instantanée de toute relation.

Cette coupure soudaine nous laissait désemparés.

Mélissa avait décidé de faire sa vie ailleurs, en excluant totalement sa famille, ses amis, ses connaissances : plus personne.

Elle est partie à seulement quelques kilomètres de la maison, à peine soixante-dix, mais à la fois si loin, refusant tout contact avec nous, ses proches.

Elle s'est retrouvée dans une situation qui ne favorisait ni le dialogue ni les liens familiaux, et qui l'a soudainement éloignée de nous, malgré l'éducation que je lui avais transmise.

Une éducation qui, à l'époque, avait sans doute été perçue comme féministe par la communauté ; heureusement, les mentalités ont évolué depuis.

De mon côté, j'étais envahie par une colère et une culpabilité supplémentaire.

Je m'en voulais.

Je me demandais pourquoi je n'avais pas su transmettre et communiquer davantage.

Sachant que chez les gitans, les sujets liés à la vie d'adulte sont tabous, surtout entre une mère et sa fille, j'avais pourtant toujours cherché à élever mes filles dans l'idée de ne jamais se laisser dominer et de rester libres dans leurs choix.

Malgré cela, je me reprochais de ne pas l'avoir suffisamment préparée à certaines situations que je n'imaginais même pas possibles : celles où l'on avance comme aveuglée, persuadée de choisir librement, alors que l'on ne voit plus clair.

Chaque membre de la famille évitait le sujet, car nous étions de nouveau en train de vivre une situation dans laquelle personne ne pouvait rien faire pour personne.

Même si au fond la douleur était palpable, tout autant que la colère, la haine et la déception de ne pouvoir ni résoudre ni améliorer cette situation, nous faisions comme si tout allait bien.

Du coup, nous cachions tous, chacun à sa façon, cette douleur engendrée par les évènements, derrière des rires ou des sourires qui sonnaient faux à mes yeux, et certainement à ceux de tout le monde.

Cela se ressentait surtout lors des repas familiaux, où l'absence de Mélissa se faisait remarquer par une chaise manquante.

Ce goût si amer et si présent remontait, ne cessant d'augmenter jusqu'au plus profond de moi.

Ce sentiment avait commencé à se développer lors de l'épreuve traversée avec mon frère et mes proches, mais venait à nouveau s'imposer avec toute son intensité.

Une fois de plus, comme pour Charly, je n'avais pas su protéger quelqu'un : ni Mélissa, ni ses petites sœurs.

À la maison ou même ailleurs, le sujet était complètement évité.

Rien que le fait d'en parler ravivait des douleurs trop présentes et je n'avais pas les mots pour panser les blessures de mes filles.

Il m'arrivait souvent, à l'époque, d'imaginer leur petit cœur être en miettes, sans pouvoir les réparer.

Je ne pouvais rien effacer ni atténuer.
Je ne pouvais rien y changer pour les soulager.

L'incompréhension de la situation et ce goût amer déjà bien connu se renforçaient au fil du temps.

Chaque journée rappelait l'absence et le silence de Mélissa, celle que nous aimions toujours.

Cette épreuve a contribué à accentuer la haine et à nourrir l'amertume dans mon cœur.

C'était Mélissa la fille, Mélissa la sœur, Mélissa la petite-fille, Mélissa la nièce, Mélissa la cousine.

C'était aussi Mélissa la voisine, Mélissa la copine.
C'était tant de personnes qu'elle représentait.

Le désir de vengeance, accompagné d'une tristesse profonde et d'une culpabilité toujours présente, s'était déjà bien installé depuis l'histoire qui avait eu lieu avec Charly.

Tout cela a continué d'endurcir mon cœur, encore et encore.

Les seules solutions qui me traversaient l'esprit étaient celles du « œil pour œil, dent pour dent »

Pourtant, une partie de moi me ramenait à la raison et me faisait imaginer la souffrance que je pourrais infliger à mon entourage si je passais à l'acte.

Je savais que je pouvais finir en prison pour le reste de mes jours et, par conséquent, faire subir une nouvelle épreuve, un nouveau coup, aux gens que j'aime.

Je ne voulais pas devenir, à mon tour, la cause d'un nouvel événement douloureux.

Sournoisement, le mélange de toutes les émotions qui s'étaient ancrées en moi, m'avait complètement éloignée de Dieu et de moi-même.

J'étais aveuglée par mes conflits internes au point de ne plus vouloir assister aux réunions évangéliques, où que ce soit.

Je ne voulais même plus en entendre parler.

Les années passaient avec ces situations remplies de non-dits et dans lesquelles j'étais impuissante.
Elles étaient devenues une souffrance silencieuse mais terrible.

Plus tard, Mélissa a donné le jour à trois enfants et, à chaque fois, nous l'apprenions par d'autres.

J'ai toujours refusé que l'on me dise le prénom de chacun.

Lorsque quelqu'un venait nous l'annoncer, nous le rapporter, j'estimais que ce n'était pas à eux de nous le dire.

Je ne voulais rien entendre.
Je ne voulais pas voir de photos non plus.

J'étais persuadée que d'avoir un prénom et un visage contribuerait à accentuer le mal ressenti.

Je m'imaginais qu'en l'ignorant, ce serait plus facile de faire comme si de rien n'était.
Comme si cela rendrait la douleur moins insupportable.

À quoi cela aurait-il servi de connaître leur prénom sans pouvoir faire leur connaissance ?
C'était plus facile pour moi à surmonter comme ça.

Je préférais alors ignorer, comme si ce déni pouvait nous protéger de la réalité.

Derrière les apparences de normalité, la vérité était que, même si je riais avec des amis ou en famille, mon cœur était vide.
Il y avait un espace que rien ni personne ne pouvait combler.

À chaque fois que j'entendais la chanson de Christophe Maé « Il est où le bonheur », c'était comme un couteau qui remuait dans la plaie.

Pour moi, ces paroles étaient surtout un rappel douloureux de cette chaise vide.

Le poids des blessures accumulées, d'abord avec Charly puis avec Mélissa, m'a propulsée dans un désert spirituel bien profond.

C'était comme si j'étais dans un puits sans fond, sans lumière et duquel je ne pouvais pas remonter, car je ne cherchais même plus à en sortir.

Je n'imaginais pas à quel point ce que je pensais et ressentais à l'intérieur de moi était en train de nous marquer de façon permanente, comme un tatouage que l'on tente de cacher.

Aujourd'hui, je peux confirmer que tout a un prix :

« TOUT SE PAYE ! »

AVEC TOUT MON RESPECT,

Il m'est difficile de dévoiler les vérités qui vont suivre, mais elles font partie de mon histoire et il me faut aujourd'hui les dire.

Désormais, mon devoir est d'assumer.

J'espère que vous comprendrez, au fil de la lecture, que ce témoignage n'a qu'un seul but : la gloire de Son Nom, et non la mienne.

Je ne raconte pas ces faits pour me vanter, car il n'y a rien de glorieux dans ce que je vais partager.

Je vais exposer certaines choses, restées cachées pendant longtemps. Les révéler aujourd'hui n'est en aucun cas un manque de respect envers qui que ce soit qui lira ces lignes.

Je m'adresse plus particulièrement à ma famille gitane, à ma belle-famille de la communauté marocaine, ainsi qu'aux anciens de chez nous qui pourraient découvrir cette part de mon vécu.

Je m'adresse également à tous ceux qui liront ces prochaines lignes et pour qui la révélation qui s'y trouve pourrait troubler ou déranger, maintenant qu'elle devient publique.

Si je choisis d'en parler aujourd'hui, c'est simplement par amour et obéissance.

CHAPITRE 4

EMPRISONNÉE PAR L'OBSCURITÉ

Moi qui avais été baptisée à quinze ans, moi qui aimais Dieu, j'ai volontairement tourné le dos à Celui que j'avais pourtant choisi de suivre.

Quelque chose s'était brisé en moi.
J'avais l'impression d'avoir un poignard dans le cœur.

Ce poids de culpabilité ne me quittait plus.
Il faisait désormais partie de moi.

Malgré mon engagement avec Dieu, je m'étais mise à vivre dans le mensonge, le vol et les soirées mondaines alcoolisées.

Vivre de la sorte est une honte, non seulement pour une femme issue d'une communauté, mais plus encore pour une personne baptisée.

J'étais pourtant née dans une famille gitane et j'avais grandi avec une éducation à laquelle la communauté est très attachée.

Je vivais dans un monde marqué par une culture misogyne, où la femme doit souvent se taire et ne peut rien faire sans permission, selon les familles, à cause de barrières mentales ancrées dès la naissance, surtout chez les filles.

Au lieu de marcher dans le chemin tracé par mes origines et par ma foi, j'avais choisi de prendre une autre voie.

Une voie qui m'éloignait chaque jour un peu plus de Dieu.

Ma vie n'était plus du tout celle d'une chrétienne.

Bien au contraire.
Tout l'opposé.

Malgré l'éducation exemplaire reçue, j'avais fini par fréquenter et imiter des personnes qui n'avaient reçu ni la même éducation, ni le même enseignement spirituel.

Je me suis mise à fumer un paquet de cigarettes par jour, parfois même plus, et bien sûr en cachette de mon entourage.

Cela ne se fait pas.
C'est très mal vu.

Seuls les hommes peuvent le faire « chez nous », aussi bien dans ma communauté d'origine gitane que dans celle de ma belle-famille.

En tant que femme issue de ce milieu et intégrée dans une famille marocaine, cela était inconcevable et inconvenable.

D'ailleurs, cela l'est toujours.

Je le savais.
Et pourtant, je le faisais quand même.

Beaucoup le découvriront en parcourant ces lignes mais si je choisis de dévoiler ces vérités aujourd'hui, c'est parce qu'elles font partie de mon histoire et qu'elles expliquent le chemin dans lequel je me suis perdue.

Je présente mes excuses à ceux qui se sentiront trahis pour ne pas leur avoir fait cette confidence avant.

Ce silence n'était ni un manque de confiance, ni un mensonge, mais plutôt une vérité cachée représentant une forme de protection et à la fois de respect.

Je me contentais de choses éphémères, cherchant à combler un vide que rien ne remplissait.

Je vivais dans la dissimulation et traversais un grand désert spirituel.
Je cachais mes émotions prétendant que tout allait bien.

Je me voilais la face.

Je voulais peut-être m'en convaincre, mais j'avoue que j'étais complètement dans le déni.

Je m'en rends compte aujourd'hui.

Aveuglée par mes conflits intérieurs, j'ai fini par être écrasée par le poids de mes pensées.

Mon attitude était devenue pure folie.

La culpabilité avait pris une telle place qu'elle me poussait même à rejeter l'idée que Dieu voulait me secourir.

En même temps, je ne voulais surtout pas qu'Il me libère de cette haine que désormais j'entretenais avec intensité.

J'étais chargée d'un poids que je ne pouvais pas déposer et, à la fois, dont je ne voulais même pas me débarrasser.

Cela me laissait sans repos et me gardait attachée.

J'ai ainsi passé douze longues années à traîner mes blessures comme des chaînes invisibles. Elles ont marqué ma vie et celle de ceux que j'aime.

J'étais tellement rongée par la rancœur et le désir de vengeance que je ne voulais laisser aucune place pour le pardon.

Là où certains auraient peut-être espéré recevoir des excuses, et où d'autres les ont peut-être reçues ou ont accordé leur pardon, c'était pour moi une idée totalement impensable.

Je me l'étais totalement interdit.

À tel point que je ne voulais surtout pas prendre le risque d'être délivrée de ces sentiments, simplement en allant, dans une réunion, écouter la Parole de Dieu.

Je marchais donc comme une aveugle.

Je nourrissais la haine installée dans mon cœur autant que je le pouvais.

Aussi, je transmettais à mon entourage toute cette émotion comme un poison vénéneux.

Juste le fait d'imaginer que je puisse, un jour peut-être, me retrouver dans le même périmètre que ceux qui avaient causé ces blessures me rendait malade.

J'aurais pu leur faire énormément de mal et aller jusqu'à les torturer. Parfois j'en rêvais !

J'étais habitée par la rage.
Je ne voulais surtout pas être guérie ou en être débarrassée.

Mon comportement et mon caractère montraient bien que j'étais dominée par ma chair.

Une noirceur dissimulée empêchait mon esprit de voir clair.
J'avais perdu toute notion de discernement.

Prétendant que tout allait bien, mon âme était vide. J'avais trahi mon engagement, mon alliance avec Jésus.

Je savais que j'étais coupable.
Je m'obstinais à continuer ma vie dans le péché. Pourtant, la Bible dit :

« Car le salaire du péché, c'est la mort ; mais le don gratuit de Dieu, c'est la vie éternelle en Jésus-Christ notre Seigneur. » (Romains 6:23)

Ma chair avait pris le dessus et, de ce fait, pris le contrôle de mon existence.

L'ennemi de nos âmes m'avait convaincue que j'avais été faible.
Je n'avais pas su protéger mon frère ni même su le venger.

Je n'étais pas capable de rétablir des liens avec ma fille alors que ses petites sœurs en souffraient.

Tout cela m'anéantissait intérieurement.

Derrière les apparences, je vivais piégée dans l'amertume, avec le sentiment d'avoir échoué en tant que mère et en tant que sœur, car je ne pouvais rien pour eux.

Par moments, il m'arrivait de réaliser que c'était Dieu qui manquait dans tout mon être.
Mais je ne disais rien, je ne voulais rien.

Je ne le méritais pas.
Je me disais que j'étais très loin.
Trop loin.

C'est là que le terme « pareille à une brebis égarée » prend tout son sens.

Parfois quand même, il m'arrivait d'oser m'adresser à Dieu mais je ne Lui demandais rien pour moi.

Je Lui demandais d'agir pour ma famille.
Je Le suppliais d'intervenir pour mes enfants et chaque membre de ma famille.

J'étais consciente de m'être détournée de Lui et, dans ma prière, je Lui expliquais ce qu'Il savait déjà :

je ne voulais rien pour moi, car je voulais une vengeance, et je Lui expliquais que je ne pouvais pas revenir à Lui, connaissant mes intentions.

Comme si Dieu allait approuver et me dire : ok, je répare tout et toi, venge-toi.

C'était vraiment pathétique !

Je restais ferme dans ma position et à la fois je me sentais tellement ridicule d'oser m'adresser à Lui en connaissant mes intentions, mes sentiments et ma vie remplie de péchés.

J'avais honte de m'adresser à Dieu, dans ma position, mais au fond de moi, je savais qu'Il était la solution.

C'est dans ces moments-là que je faisais une prière. J'étais tout simplement désespérée alors je tentais.

C'était entre moi et Dieu.
Quelque part, au fond de mon cœur, j'étais persuadée d'avoir une clé entre les mains.

Je voulais y croire, mais chaque jour je payais le prix de mes choix et de mes actes.

C'était la conséquence de vouloir conserver cette colère qui avait remplacé l'amour, et de cette rancune qui avait pris le dessus sur le pardon.

Je savais que Dieu seul pouvait me délivrer de cette haine, mais je ne le voulais pas.
Je refusais de lâcher prise.

Cela me donnait une illusion de force, une impression de justice personnelle.

Je voulais rendre le mal pour le mal, par mes propres moyens et peu importe le temps que cela prendrait, sans voir ce que cela était en train de me coûter.

Hélas, ce que je ne voyais pas, c'est que cette haine me rongeait de l'intérieur.
Elle me détruisait lentement, silencieusement.

Malgré ma carapace, j'étais une personne anéantie et personne, sur cette terre, ne pouvait secourir.

Alors que je pensais pouvoir continuer à vivre dans ce combat intérieur, un autre événement est venu s'ajouter pour tenter de bouleverser le cours de ma vie et celle de ma famille.

En décembre deux mille quatorze, après des examens médicaux, le médecin me téléphone et me demande de passer le voir.
J'insiste un peu dans la communication pour connaître les résultats, puis il finit par céder.

Il m'annonce que j'ai un cancer de la thyroïde.

Comme nous étions en pleine période de fêtes de fin d'année, je choisis de garder cette nouvelle pour moi seule jusqu'en janvier, afin de ne pas gâcher les repas en famille.

Je ne connaissais pas ce type de cancer, mais simplement le mot « cancer » faisait peur à tout le monde, et encore aujourd'hui d'ailleurs.

Étrangement, je n'étais pas inquiète.

Quelque chose, au fond de moi, me remplissait d'une conviction profonde.
J'étais persuadée que tout irait bien.

Je savais sans pouvoir l'expliquer, que mon heure n'était pas arrivée et que Dieu avait encore des projets pour moi.

Je ne pouvais pas croire qu'Il me laisserait quitter cette terre avec quelque chose d'inachevé.

À l'époque, je ne savais pas que ce cancer pouvait se soigner facilement.
C'est seulement après quelques rendez-vous chez les médecins que je l'ai compris.

Celui dont j'étais atteinte fait partie de ceux qui se soignent le mieux.

Malgré tout, avant de le savoir et sans pouvoir l'expliquer, j'étais convaincue que Dieu m'avait fait naître dans ce monde pour accomplir une mission.

Je me suis fait opérer, le cancer a été retiré.
Puis ma vie a repris.

Je continuais toujours avec mes sentiments destructeurs, et de temps en temps je priais, espérant un miracle pour ma famille.

Cette vie était devenue pour moi presque normale à vivre de cette façon.

Je gardais malgré tout l'espoir de pouvoir, un jour, obtenir une vengeance.

Et puis un jour...

ALLIANCE HUMAINE

*Mon conjoint **Khalid** a été, jusque-là, un réel soutien à mes côtés, discret mais constant.*

Tout au long de mon cheminement, il a été présent, même lorsque nous n'habitions pas ensemble.

Quand je me battais, avec mes propres forces, contre l'acharnement de la vie, il était là.

Il m'a accompagnée durant toutes ces années sans jamais se plaindre, dans les bons comme dans les mauvais moments, supportant mes joies comme mes peines, mes jours de force comme de faiblesse.

Malgré toutes les difficultés endurées, il a su m'épauler avec patience et traverser chaque épreuve avec sagesse.

Il a su rester un pilier, stable et discret.

*Avant la naissance de nos filles **Kenza** et **Sanae**, alors qu'il habitait encore chez ses parents, nous avons commencé ensemble à élever **Mélissa** et **Naomi** comme si elles étaient aussi les siennes.*

Elles étaient devenues ses filles à lui aussi.

Plus tard, rien n'a changé.

Ce n'étaient plus deux, mais quatre filles que nous avions.

Ce n'était pas Mélissa et Naomi puis Kenza et Sanae.

C'était Mélissa, Naomi, Kenza et Sanae.

Ce n'était pas qu'une question de sang.

*Au fil de ce chemin, j'ai aussi trouvé, au sein de ma **belle-famille**, un accueil respectueux et des encouragements discrets mais bien présents.*

Mes **beaux-frères**, mes **belles-sœurs**, mes **neveux,** mes **nièces** et ma **belle-mère** ont occupé leur rôle avec simplicité, souvent par des paroles rassurantes.

Quant à mon **beau-père**, de son vivant (paix à son âme), il m'a toujours reçue comme sa propre fille.

Cette reconnaissance silencieuse a compté plus que tous les mots.

Je rends grâce à Dieu d'avoir mis **Khalid** à mes côtés, à nos côtés, dans nos vies.

Ma moitié est une alliance humaine.

Discret et solide à la fois, il me soutient et me supporte chaque jour que Dieu nous accorde.

CHAPITRE 5

RECONNECTÉE À L'ESSENTIEL

Le temps continue de passer, puis un jour, ma fille Naomi m'annonce qu'elle va dans une église depuis peu.

L'assemblée se trouve à une heure et vingt minutes de chez nous, très exactement.
Elle est située sur la côte basque, à Bidart (64).

Les responsables sont le **pasteur Jim BOMPARD**, engagé dans le ministère depuis près de cinquante ans, et son fils, le **pasteur Pablo BOMPARD**, lui aussi au service de Dieu depuis de nombreuses années.

C'est un peu loin, mais ce n'est pas grave.

Je dois aller voir ce qu'il s'y passe réellement, car Naomi aime y aller et des rumeurs circulent au sujet de cet endroit :

« Cette église n'est pas biblique »

ou encore

« Ils laissent les femmes prêcher dans cette assemblée, ce n'est pas permis… ».

Alors, par amour pour ma fille, voilà que je remets les pieds dans une réunion évangélique.

Je devais savoir si Naomi fréquentait un lieu où Dieu est vraiment adoré, où l'Évangile est annoncé dans toute sa vérité.

C'était mon devoir de mère de m'en assurer, d'aller vérifier.

Je me suis rendue dans cette église évangélique, **Ministère International Dios Establece (Dieu Établi)**, à Bidart.

Je voulais être certaine que ma fille grandirait spirituellement dans un environnement qui glorifie le Dieu Tout-Puissant : le Père, le Fils et le Saint-Esprit.

J'estimais être encore capable de différencier le vrai du faux, le bien du mal, grâce à l'enseignement que j'avais reçu depuis l'enfance.

Cela n'a pas été facile d'y aller car j'appréhendais les regards, les jugements à cause de mon passé.

Mais surtout, je me sentais indigne, sale. J'avais perdu ce vêtement blanc, lavé par **le Sang de l'Agneau.**

Malgré cela, j'ai été accueillie avec amour, sans jugement, sans questions intrusives et avec une sincérité profonde qui se ressentait.

Je ne m'attendais pas du tout à ce qui allait se passer.

Dès la première réunion, le Saint-Esprit m'a envahie et j'ai pleuré.

À la deuxième réunion, Il m'a de nouveau envahie, et j'ai encore pleuré.

Puis à la troisième… encore une fois.

Mon cœur était profondément bouleversé.

Je voulais être sûre que ce n'étaient pas seulement mes émotions, mais bien la présence réelle du Saint-Esprit.

Avec Dieu, le hasard n'existe pas.

Même pendant mes années d'éloignement, tout ce que j'avais entendu dans mon enfance, vu et ressenti dans Sa maison, était resté gravé en moi.

Rien ne m'avait été volé.
Rien n'avait été effacé.
La semence reçue était encore là.

Je réalisais alors la valeur de ce verset que mes parents avaient mis en pratique :

« Instruis l'enfant selon la voie qu'il doit suivre ; et quand il sera vieux, il ne s'en détournera pas. » (Proverbes 22:6)

Alors que j'avais fait ce pas pour Naomi, voilà que je me retrouvais face à une situation que j'avais fuie pendant longtemps.
Trop longtemps.

Dieu a utilisé ma fille pour me rappeler à Lui.

« Le Seigneur est proche de ceux qui ont le cœur brisé, et Il sauve ceux dont l'esprit est abattu. » (Psaume 34:19)

Au fond de mon puits, là où je restais aveuglée par le noir, une lumière est apparue.

J'ai accepté de laisser entrer cette lumière et de prendre la main de Celui qui me la tendait.

J'ai choisi de répondre à cet appel, de boire de nouveau à la Source qui seule pouvait déchirer le voile de la séparation pour me rendre la vue et apaiser la soif de mon âme.

« Quiconque boit de cette eau aura encore soif ; mais celui qui boira de l'eau que je lui donnerai n'aura jamais soif. » (Jean 4:13-14)

Il ne s'agissait plus de chercher ailleurs quelque chose d'éphémère pour combler le vide en moi, mais de boire à la Source qui jaillit sans cesse et me renouvelle.

Son pardon s'est déversé sur moi.
Il n'y avait aucun reproche dans Sa voix, seulement de l'amour.
Une véritable repentance est née dans mon cœur.

Il m'a relevée, consolée, restaurée.

J'ai recommencé à goûter à la paix.
Une paix qui ne dépend pas des circonstances.
Une paix qui dépasse l'intelligence humaine.

C'est le fruit de la présence de Dieu retrouvée.

Je réalisais que je ne revenais pas simplement dans une église, ni même à une religion, mais que je me reconnectais à la Source.

C'est une relation profonde avec le Dieu vivant.

Son Amour, Sa Grâce et Sa Miséricorde étanchent la soif la plus enfouie de l'âme.

« Venez à moi, vous tous qui êtes fatigués et chargés, et je vous donnerai du repos. »
(Matthieu 11:28)

Il a ravivé en moi la flamme que j'avais pour Lui.

C'était une connexion rétablie.
Ce jour-là, je ne suis pas seulement revenue à Dieu.

Je suis revenue à la vie.

CHAPITRE 6

PUISSANCE DE L'AMOUR

C'était la quatrième réunion, je pensais encore pleurer.

Je m'attendais à ressentir le Saint-Esprit comme les fois précédentes, persuadée que les larmes couleraient de nouveau.

Mais cette fois-ci, à Bidart, dans notre église, nous recevions la visite des pasteurs **Daniel et Raquel Echeverria.**

Ce sont les responsables du **ministère CHAMA,** à l'assemblée de Pamplona, en Espagne.

Le pasteur Daniel Echeverria était invité à nous adresser quelques mots.

Ce jour-là était différent.

Je sentais que quelque chose de spécial m'attendait.

Je ressentais toujours l'amour de Dieu, mais d'une manière différente : à la fois douce cette fois-ci, et profondément puissante comme les fois précédentes.

Cette douceur n'enlevait rien à la Puissance.

Soudain, une image m'est apparue, l'espace d'une fraction de seconde, puis elle a disparu. Un instant plus tard, la même image est revenue, avant de s'effacer à nouveau.

Ce que j'ai vu, c'était ma main tenant une cigarette. Les deux visions étaient identiques.

Pourquoi cette image, en pleine réunion ? Et pourquoi deux fois ?

Je savais que quelque chose se passait, sans encore pouvoir le comprendre.

Cette vision ne quittait plus ma pensée. Je sentais qu'elle avait un lien avec les paroles prononcées par le pasteur venu nous rendre visite.

Je savais aussi, au fond de moi, que ces paroles n'étaient pas là par hasard.

Cet homme de Dieu avait été choisi pour m'adresser un message personnel.

Je comprenais alors que Dieu l'utilisait comme un instrument entre Ses mains pour éclairer le chemin que je devais prendre.

Il parlait de l'amour, expliquant que, parfois, aimer implique de faire des concessions.

Alors, tout a commencé à prendre sens.
La pensée que j'avais reçue était claire.

Je devais abandonner, par amour pour Dieu, ce vice qui nuisait à mon corps et ne Le glorifiait pas dans la vie qu'Il m'accorde chaque jour.

Pourtant, immédiatement, d'autres pensées sont venues.

Je n'avais rien demandé à Dieu.

Peut-être était-ce simplement le fruit de mon imagination ?

Mais la vérité était là.

Alors que je n'avais pas demandé à Dieu de me délivrer de la cigarette, c'est Lui qui me demandait, par amour, de déposer une chose à laquelle j'étais attachée.

Ce jour-là, j'ai commencé à prendre conscience, d'une manière nouvelle, du sacrifice de la Croix et de **Son Sang versé pour mes péchés.**
J'ai compris qu'il ne s'agissait pas d'une histoire du passé, mais d'un sacrifice par amour pour moi.

Alors que, dans mon humanité, je pensais que « Tout se paye », une vérité résonnait en moi :

Il avait déjà tout payé.

« Car Dieu a tant aimé le monde qu'Il a donné Son Fils unique, afin que quiconque

croit en Lui ne périsse point, mais qu'il ait la vie éternelle. »
(Jean 3:16)

Parce qu'Il m'a aimée le premier, j'ai pu prendre cette décision : vouloir Lui plaire.
Et Dieu m'a instantanément délivrée de la cigarette.

Dieu n'a pas eu honte de moi.
Voilà pourquoi il était important de dévoiler ce péché auparavant.

Alors aujourd'hui, ni mes origines ni le « qu'en dira-t-on » ne m'empêcheront de dire ce qu'Il a fait dans ma vie.

« Car quiconque aura honte de moi et de mes paroles, le Fils de l'homme aura aussi honte de lui… » *(Marc 8:38)*

Si Lui avait eu honte de moi, je ne serais pas en train de te raconter ce témoignage.

J'étais impatiente de retourner écouter, à chaque réunion, la voix du Saint-Esprit au travers de mes pasteurs **Jim** et **Pablo**, dans cette assemblée de Bidart.

Peu de jours après, je me rendais compte que Dieu m'avait aussi délivrée de la haine que je nourrissais depuis tant d'années.

Je pensais que c'était cette haine qui me tenait debout et je croyais qu'elle était ma force alors que c'était comme une gangrène logée en moi.

J'étais malade à l'intérieur.
Je contaminais aussi mes proches par la rancœur.

C'est seulement une fois délivrée que j'ai compris à quel point elle m'avait détruite.

Dieu m'a guérie par la puissance de Son Amour et comme un Père ne fait jamais les choses à moitié, Il a continué Son œuvre en moi.

« Si donc le Fils vous affranchit, vous serez réellement libres. » *(Jean 8:36)*

La lumière de Dieu s'est alors remise à briller dans ma vie.
Un changement profond s'est opéré en moi.
C'était radical.

Ce n'était pas une progression timide, mais une vague puissante qui m'a emportée pour me transformer.

« Je vous donne un commandement nouveau : aimez-vous les uns les autres ; comme je vous ai aimés, vous aussi aimez-vous les uns les autres. » *(Jean 13:34–35)*

Ce message résonne encore en moi.

Si Christ m'a pardonnée, qui suis-je pour refuser le pardon à mon tour ?

« Si vous pardonnez aux hommes leurs offenses, votre Père céleste vous

pardonnera aussi ;
mais si vous ne pardonnez pas aux hommes,
votre Père ne vous pardonnera pas non plus
vos offenses. **»** *(Matthieu 6:14–15)*

L'amour de Dieu m'a restaurée.
Le pardon a permis une guérison profonde,
intérieure et réelle.

Durant cette période, j'ai connu des moments
de doute, brefs mais bien réels. Autour de moi,
certaines voix me rappelaient les rumeurs sur
l'église de Bidart :

« Cette église n'est pas biblique »

« Ils laissent les femmes prêcher dans cette
assemblée, ce n'est pas permis »

Ces paroles tentaient de semer la confusion
malgré ce que je venais de vivre.
Je ne voulais pas me laisser influencer sans
discernement.

Alors, je n'ai plus écouté les hommes.
J'ai écouté Dieu.

Plutôt que de me laisser entraîner par des opinions humaines, j'ai décidé de faire ce que tout le monde devrait faire : ouvrir et lire la Bible, prier et chercher la vérité dans les Écritures.

J'ai réappris à prier quotidiennement.

J'ai recommencé à écouter la Voix de Dieu et à ouvrir ma Bible, non pas comme une obligation religieuse, mais comme un besoin vital de lire Sa Parole.

Chaque verset que je lisais, chaque prédication que j'entendais, c'était comme un message que Dieu m'adressait personnellement.

J'avais l'impression qu'Il me disait :

« Tu es toujours Ma fille. »
« Je t'attendais. »

À la fois, je retrouvais un Amour que je croyais avoir perdu.

En même temps, j'avais l'impression de Le découvrir comme si c'était la première fois.

J'avais cette étrange sensation de n'avoir jamais vraiment connu Dieu dans toute Sa grandeur.

Ou du moins, pas de cette manière-là.

Et en même temps, c'était merveilleux de Le retrouver.

Il m'ouvrait les yeux sur des facettes de Son cœur que je n'avais jamais vues auparavant.

Les réponses que je cherchais ne se trouvaient ni dans la bouche d'un homme, ni dans une tradition, ni dans une doctrine.

Elles étaient là, noir sur blanc, dans la Parole de Dieu, vivante, traversant les époques et les générations.

J'ai découvert que ce qui m'avait été enseigné depuis mon plus jeune âge était parfois extrait de son contexte biblique.

J'ai pris le temps de lire, de comparer, de prier. Et là, ce fut une révélation, une évidence :

« Toute l'Écriture est inspirée de Dieu, et utile pour enseigner, pour convaincre, pour corriger, pour instruire dans la justice, afin que l'homme de Dieu soit accompli et propre à toute bonne œuvre. » *(2 Timothée 3:16–17)*

La Bible est un guide, une carte, un mode d'emploi divin pour nos vies.

En elle, il n'y a ni confusion ni contradiction.

Il y a la lumière pour nos pas et la vérité qui affranchit.

Ce temps de recherche a affermi ma foi, consolidé mes fondations, et m'a appris à m'attacher non pas à une église, mais à Dieu Lui-même et à Sa Parole.

Ma foi ne repose plus sur des traditions humaines, mais sur la Parole du Dieu Vivant.

Il m'a ramenée à l'aimer encore plus qu'au jour de ma conversion.

Il ne m'a pas seulement offert une seconde chance.

Il m'a offert la vie.

La vraie.
Celle qui a du sens.

Mais Sa bonté ne s'est pas arrêtée là…

CHAPITRE 7

PLUS QUE VAINQUEUR

J'ai appris à me tourner vers Dieu dans mes moments de doute mais aussi de colère.

J'ai appris à Lui faire confiance même quand les situations semblaient désespérées.

Et plus je découvrais qui Il est, plus je réalisais que ma véritable identité ne se trouvait ni dans mon passé, ni dans mes fautes ou mes origines, mais seulement en Christ.

J'ai compris que le pardon est un choix, et non un sentiment.
C'est une décision que l'on prend même quand on n'en a pas envie.

Mais parce qu'Il m'a aimée le premier, j'ai voulu pardonner aussi : à moi-même, et à ceux qui nous avaient fait du mal.

***« Supportez-vous les uns les autres, et, si l'un a sujet de se plaindre de l'autre, pardonnez-vous réciproquement.
De même que Christ vous a pardonné, pardonnez-vous aussi. »*** *(Colossiens 3:13)*

En choisissant de pardonner, quelque chose s'est libéré en moi.

Une soif brûlante de Dieu est née en moi : une soif de Sa présence, une soif de vérité, une soif de Lui.
Une soif qui m'accompagne encore aujourd'hui.

Je voulais toujours plus de Dieu : plus de Sa Parole, plus de Ses promesses, plus de Ses révélations.
Je voulais m'imprégner de qui Il est, jusqu'à ce que mon cœur ne batte que pour Lui.

Je me suis mise à prier avec intensité, à méditer Sa Parole avec passion.
Et chaque moment passé dans Sa présence est

devenu un privilège précieux que je ne veux plus jamais perdre.

Dieu m'a montré que Sa paix ne se trouve pas dans l'absence de tempêtes, mais dans Sa présence au milieu d'elles.

Il nous donne la force de les affronter, et la sagesse pour les traverser.

La bonté de Dieu ne s'est pas arrêtée là.

C'est dans cette démarche de prière, de foi et d'abandon que j'ai commencé à discerner l'œuvre de Dieu.
Là où, depuis trop longtemps, plus rien ne semblait possible.

Durant les douze longues années de silence, alors qu'un fossé semblait s'être creusé sans retour possible, Dieu travaillait en coulisses, préparant des réconciliations.

Car *« Il fait toute chose belle en son temps. »*
(Ecclésiaste 3:11)

Quelque part, au fond de moi, je le savais.

Tout n'était pas perdu.

J'en avais la conviction.

J'en avais l'espérance car je savais que Dieu
existe.

Il était déjà à l'œuvre, préparant le chemin du
retour.

Comme le dit si bien l'Écriture :

*« Ce qui est impossible aux hommes est
possible à Dieu. »* *(Luc 18:27)*

Et un jour, Mélissa est revenue vers nous.

Après tant d'années, nous avons enfin connu
les prénoms de ses enfants, que, auparavant, je
refusais même d'entendre.

Dieu, dans Son amour, a brisé les chaînes.

Il a réconcilié les cœurs.

Il a rétabli les liens familiaux.

Aujourd'hui, nous voyons régulièrement Mélissa et ses trois enfants : Angel, Inaya et Selena. Ce sont même eux qui nous rendent visite, la plupart du temps.

Maintenant, c'est Selena qui me chante :
« Il est où le bonheur, il est où, il est là ! »
Bien sûr, l'émotion n'est plus la même.
Avant, cette chanson ravivait la douleur.
Aujourd'hui, elle représente de la joie et du bonheur.

Cette réconciliation est l'un des grands miracles que Dieu a opéré dans ma vie et celle de mon entourage.

« Car je connais les projets que j'ai formés sur vous, dit l'Éternel, projets de paix et non

de malheur, afin de vous donner un avenir et une espérance. » *(Jérémie 29:11)*

Cette promesse est devenue réalité dans ma vie.

L'avenir que Dieu avait prévu pour moi était bien plus que tout ce que j'aurais pu imaginer.

L'espérance qu'Il a mise en mon cœur est devenue une ancre solide qui me maintient ferme même lorsque les vents sont contraires.

Cette métamorphose intérieure que j'ai vécue a bouleversé toute ma vision du monde.

Là où je voyais des obstacles, je vois maintenant des opportunités pour Dieu de manifester Sa gloire.

Là où je ressentais la haine et la colère, je ressens maintenant la paix.

Là où régnait le doute, une foi ferme s'est installée.

Ma foi aujourd'hui n'est plus la même qu'autrefois.

Avant, je croyais en Dieu.
Aujourd'hui, je Le connais.

Avant, je L'admirais.
Aujourd'hui, je marche avec Lui.

Il vit en moi.

Cette foi n'est pas superficielle ni émotionnelle.
Elle est profondément ancrée en moi.
Si Dieu me dit qu'Il déplacera une montagne, je ne doute pas un instant qu'Il le fera.

« Je vous le dis en vérité, si vous aviez de la foi comme un grain de sénevé, vous diriez à cette montagne : Transporte-toi d'ici là, et elle se transporterait ; rien ne vous serait impossible. » (Matthieu 17:20)

L'inquiétude qui dominait ma vie il y a quelques années s'est dissipée.

« Ne vous inquiétez de rien ; mais en toute chose faites connaître vos besoins à Dieu par des prières et des supplications, avec des actions de grâces.
Et la paix de Dieu, qui surpasse toute intelligence, gardera vos cœurs et vos pensées en Jésus-Christ. » (Philippiens 4:6–7)

Cette paix est pour moi une réalité qui proclame la victoire chaque jour.

Même face aux tempêtes, mon regard est désormais fixé sur Jésus.
Les épreuves n'ont pas disparu, mais ma vision de la vie a changé.
Chaque défi est devenu une occasion de voir Dieu agir.
Chaque difficulté, un terrain d'action pour Sa puissance.

« Je puis tout par celui qui me fortifie. »
(Philippiens 4:13)

Cette phrase n'est plus un simple verset pour moi.

C'est aussi une réalité pour celui qui y croit.

Non pas parce que tout est parfait, mais parce que Dieu est fidèle.

Ce qu'Il a restauré dans ma vie, personne ne pourra plus jamais le détruire.

Tout ce que Dieu m'a donné, Il l'a fait gratuitement.

« Le don gratuit de Dieu, c'est la vie éternelle en Jésus-Christ notre Seigneur. » (Romains 6:23)

« Aujourd'hui, je peux dire sans hésiter que si Dieu est pour nous, qui sera contre nous ? » (Romains 8:31)

En Christ, je suis plus que vainqueur.

Désormais, je marche à partir de la victoire.

CHAPITRE 8

RECEVOIR, C'EST DONNER

Dans ce cheminement, Dieu m'a guidée vers des lieux où je peux m'alimenter spirituellement.

Plus près de chez moi, à Pau, Dieu m'a permis de trouver une église où je suis nourrie, encouragée et fortifiée, comme à Bidart.

Les responsables sont le pasteur **Benjamin Gimenez** et son épouse **Emmanuelle**, ainsi que le pasteur **Jack Brunet** et sa compagne **Josy**. Cette assemblée fait partie de la dénomination **Tout est Possible « La Porte de l'Espoir »**.

Le Dieu que je sers y est annoncé selon les Écritures de la Bible.

À Bidart comme à Pau, j'ai trouvé un accueil sincère, un enseignement solide et un amour fraternel véritable.

Même si ces assemblées appartiennent à des dénominations différentes, le Saint-Esprit y agit selon Sa volonté.

L'église « **M.I. Dios Establece** », à Bidart, ainsi que l'église **Tout est Possible « La Porte de l'Espoir »** à Pau, sont devenues pour moi de véritables sources spirituelles.

En plus de ma communion quotidienne et personnelle, c'est là que je reçois la Parole, que je suis édifiée et fortifiée, afin de pouvoir ensuite donner à mon tour.

La soif de Sa présence, de Son enseignement et de Sa Parole me pousse à continuer de me déplacer jusqu'à Bidart pour rejoindre mes frères et sœurs en Christ, dans cette église conduite par le Saint-Esprit à travers les pasteurs **Jim et Angustia** puis les pasteurs **Pablo et Dina**.

La sagesse de Dieu m'a appris l'importance de l'accompagnement spirituel et de la fidélité envers ceux qu'Il place sur notre chemin pour veiller sur nos âmes.

« Obéissez à vos conducteurs et soyez-leur soumis, car ils veillent sur vos âmes. »
(Hébreux 13:17)

Ces églises que Dieu m'a permis de visiter, ainsi que d'autres, sont devenues pour moi des endroits où je vais m'abreuver régulièrement.

Lorsque j'en ai l'occasion, je rends visite aux **pasteurs Daniel et Raquel Echeverria** du **ministère CHAMA**, à Pamplona, en Espagne, ainsi qu'au **couple pastoral David et Karine Gimenez**, de **La Porte de l'Espoir T.E.P. Landes**, à Grenade-sur-Adour.

Mes deux filles aînées se sont fait baptiser : Naomi à Bidart, **chez Ministère International**

Dios Establece et Mélissa à Orthez, chez **Vie et Lumière**.

L'œuvre de Dieu dépasse les cadres humains ; l'essentiel n'est pas l'appartenance à un groupe, mais le nom de Jésus et le fruit produit.

Ce que je sais aujourd'hui, c'est que Dieu n'est pas là pour accomplir nos volontés, mais pour que nous accomplissions la Sienne.

Ce n'est pas Lui qui sert l'homme, mais l'homme qui est appelé à Le servir.

Au-delà des noms, des dénominations ou des étiquettes, ce sont les fruits qui témoignent de l'œuvre de Dieu.

« Vous les reconnaîtrez à leurs fruits.
Cueille-t-on des raisins sur des épines, ou des figues sur des chardons ?
Tout bon arbre porte de bons fruits, mais le

mauvais arbre porte de mauvais fruits. »
(Matthieu 7:16-17)

Alors, si une âme peut être sauvée en allant chez :

– Ministère International Dios Establece, alors **merci Seigneur** ;

– Ministère CHAMA, alors **merci Seigneur** ;

– Tout est Possible « La Porte de l'Espoir », alors **merci Seigneur** ;

– Vie et Lumière, alors **merci Seigneur**.

Un vieux cantique dit : peu importe la race, les origines et la couleur de peau, Il nous aime tous et Il fait bien.

Et si j'ai compris quelque chose, c'est que si je veux marcher dans un esprit d'unité, je dois aussi veiller à la manière dont je juge.

Un peu plus chaque jour, je choisis de renoncer à ma chair afin de laisser l'Esprit prendre toute la place.

« Car on vous jugera du jugement dont vous jugez, et l'on vous mesurera avec la mesure dont vous mesurez. » (Matthieu 7:2)

Je crois profondément que Dieu ne nous appelle pas à être des adversaires, mais plutôt à être complémentaires, pour accomplir Sa volonté.

« Jean lui dit : Maître, nous avons vu quelqu'un qui chasse des démons en ton nom, et qui ne nous suit pas ; et nous l'en avons empêché, parce qu'il ne nous suivait pas.
Jésus dit : Ne l'en empêchez pas ; car il n'est personne qui fasse un miracle en mon nom, et qui puisse aussitôt après parler mal de moi.
Car celui qui n'est pas contre nous est pour nous. » (Marc 9:38–40)

Aux yeux de Dieu, nous avons tous de la valeur.

Moi aussi, je ne veux pas regarder à l'étiquette d'une église ou d'une autre.

Plusieurs lieux, mais un même Dieu.Plusieurs assemblées, mais une seule famille en Christ : un seul Corps dont Il est la tête.

Si tu envisages de franchir la porte de l'une d'elles, que ton regard reste simplement tourné vers Dieu, car c'est Lui qu'il faut chercher.

« Jésus lui dit : Je suis le chemin, la vérité, et la vie. Nul ne vient au Père que par moi. » (Jean 14:6)

Tout vient de Lui.

Recevoir, c'est donner.
Et donner, c'est aimer.

CHAPITRE 9

UN HÉRITAGE À TRANSMETTRE

J'ai compris une chose essentielle : ce que Dieu a déversé dans ma vie ne m'appartient pas.

Ce qui est reçu par grâce n'est jamais destiné à être gardé pour soi, mais à être transmis.

Sa paix, Sa restauration, Sa fidélité, Sa miséricorde : tout cela m'a été donné gratuitement, par grâce, alors que je ne méritais rien.
Je n'ai rien gagné par mes propres forces ; tout provient du cœur de Dieu.

Recevoir de Dieu transforme profondément.
Et lorsque l'on reçoit vraiment, on ne peut plus garder pour soi ce qu'Il a versé en abondance.

Ce que nous recevons se transmet.

C'est un héritage.

Aujourd'hui, je souhaite partager ce que Dieu a déposé en moi et ce qu'Il a fait dans ma vie avec quiconque veut l'entendre.

Non pas pour ma gloire, mais afin que d'autres âmes puissent découvrir Sa puissance, Sa paix, Sa joie, Son amour, et cette liberté que Lui seul peut donner.

Ma foi aujourd'hui n'est plus une foi passive : elle est vivante, active et profondément enracinée.

Dieu ne nous appelle pas parce que nous sommes capables.

Il nous rend capables parce qu'Il nous appelle. Et lorsqu'Il confie une mission, Il équipe toujours ceux qu'Il envoie.

« Ce n'est ni par la puissance ni par la force, mais par mon Esprit, dit l'Éternel » (Zacharie 4:6)

Je ne me suis jamais considérée comme une écrivaine.

Je ne me pensais pas capable d'écrire un livre, mais Dieu a pris le contrôle.

Ce ne sont ni les belles paroles ni l'intelligence humaine qui touchent les cœurs, mais la réalité de Son œuvre.

C'est par amour et par obéissance que ces pages ont été écrites.

J'ai aussi compris que Dieu utilise nos blessures, nos forteresses et nos histoires douloureuses pour toucher d'autres cœurs.

Mon histoire, avec ses cicatrices et ses restaurations, n'est pas une faiblesse : elle est devenue un témoignage.

Je fais encore des erreurs, mais aujourd'hui je sais où puiser ma force : en l'Éternel, mon rocher et ma forteresse.

Chaque matin, je me lève avec cette conviction profonde : Dieu est fidèle.

Il est le même hier, aujourd'hui et éternellement. Ce qu'Il a commencé, Il l'achèvera.

Plus je Le sers, plus je L'aime.
Et plus je L'aime, plus je veux Le servir.

« Car l'amour de Christ nous presse. » *(2 Corinthiens 5:14)*

Chaque jour, je porte dans mes prières mes quatre filles : Mélissa, Naomi, Kenza et Sanae ; ainsi que mes cinq petits-enfants : Angel, Inaya, Selena, Laiyanna et Lyanna.

Je prie aussi pour Khalid, mon conjoint, pour ma belle-famille, mes parents, mon frère, mes sœurs, mes neveux, mes nièces, et pour le foyer de chacun.

J'intercède également pour mes pasteurs, ainsi que pour ceux du monde entier.

Je prie pour mes frères et sœurs en Christ, de toutes les églises de France et de l'étranger.

Enfin, je prie pour toutes les âmes qui ne Lui appartiennent pas encore et pour tous ceux qui sont tombés en chemin.

« Le Seigneur ne tarde pas dans l'accomplissement de la promesse… ne voulant pas qu'aucun périsse, mais voulant que tous arrivent à la repentance. » *(2 Pierre 3:9)*

Cette intercession quotidienne fait désormais partie de ma vie en Christ.

Ce livre est l'héritage spirituel que je souhaite partager avec Khalid, mon conjoint, avec mes enfants, mes petits-enfants, et avec tous ceux qui liront ces pages.

C'est un héritage qui n'est pas fait d'or ou d'argent, mais de vérités éternelles capables de transformer une vie.

« Une bonne personne laisse un héritage aux enfants de ses enfants. » (Proverbes 13:22)

PARDON DU CŒUR

Je voudrais maintenant prendre un moment pour demander pardon à tous ceux que j'ai pu faire souffrir.

À mes parents : pour ma vie passée et les soucis que j'ai pu vous causer.

À vous, mes filles : pour ne pas avoir toujours été cette mère qui réconforte comme vous en aviez besoin, et pour ne pas avoir su, humainement, apporter les réponses ou les solutions que vous espériez dans certains moments de votre vie.

Mon amour pour vous n'a jamais manqué, mais mes limites humaines ont parfois pris trop de place.

Et à toi, Khalid : je demande à Dieu chaque jour de m'aider à être la femme que tu mérites, à grandir dans l'amour et dans la sagesse, afin de marcher avec toi dans le respect et sur un chemin éclairé.

Pardon aussi à toute ma famille, ma belle-famille et à mes amis, pour tous ces projets dans lesquels je me suis réfugiée et qui m'ont fait manquer de disponibilité toutes ces années.

Reconnaître mes fautes et mes manquements fait partie de mon cheminement avec Dieu ; je choisis de le faire avec foi, obéissance et humilité devant Lui.

Kenza et Sanae, qui vivent encore à mes côtés, occupent aussi une place particulière dans mon cœur et dans mes prières.
Je demande à Dieu de guérir les blessures que j'ai pu leur causer, ainsi que celles qui se sont ajoutées au fil du temps.

Je ne sais pas toujours comment m'y prendre, mais je vous aime profondément, et je crois fermement que Dieu guérira ce que moi, dans ma faiblesse humaine, je n'ai pas su préserver.

Avec l'aide de Dieu, je choisis de réparer, jour après jour, ce qui peut l'être, et de confier à Sa puissance ce qui dépasse mes capacités.
Si je fais cette démarche de vérité et de pardon, ce n'est pas uniquement par obéissance à Dieu, mais aussi par amour pour ceux que j'ai pu blesser.

Car Dieu désire la guérison, la restauration et la vie pour chacun de nous.

C'est avec ce cœur disposé au pardon, à la vérité et à la réconciliation que je peux maintenant écrire ces dernières pages, non comme un point final, mais comme l'appel à une mission qui se poursuit.

CONCLUSION

La vision appelle la mission

Mon témoignage ne s'arrête pas ici.

Dieu continue d'écrire mon histoire, jour après jour, parfois dans le silence, parfois dans l'évidence, mais toujours avec fidélité.

Je sais aujourd'hui qu'Il n'a pas terminé Son œuvre en moi.

Comme le dit l'Écriture :

« *Je suis persuadée que Celui qui a commencé en vous cette bonne œuvre la rendra parfaite pour le jour de Jésus-Christ.* » *(Philippiens 1:6)*

Ma vie n'est pas devenue un parcours sans obstacles.

Les épreuves existent encore, les combats aussi, mais la différence est immense : aujourd'hui je ne marche plus seule.

Le chemin avec Dieu n'est pas toujours facile, mais il en vaut infiniment la peine.

Chaque épreuve, chaque combat devient une opportunité de transformation, un pas de plus vers Lui, une occasion d'être façonnée à Son image.

C'est un chemin d'abandon et de confiance, un chemin où l'on apprend à lâcher ce que l'on ne peut pas porter et à recevoir ce que Lui seul peut donner.

Aujourd'hui, je marche main dans la main avec Celui qui est plus grand que toute épreuve, plus fort que toute tempête, plus fidèle que mon ombre.

Avec Lui, je ne crains rien.

Lorsque Jésus dit :
« Voici, je suis avec vous tous les jours, jusqu'à la fin du monde. » *(Matthieu 28:20)* **ce n'est pas, pour moi, un verset de plus ni une simple promesse écrite, mais une réalité vécue chaque jour.**

La réconciliation que j'ai connue avec Dieu a transformé ma vie en profondeur.
Elle a changé ma relation avec les autres, avec ma famille, et même avec moi-même.

C'est dans cette réconciliation que Dieu m'a aussi conduite à une compréhension plus profonde de moi-même et de mon propre cheminement.

Avec le recul, après avoir été rappelée par Dieu, guérie et restaurée, j'ai réalisé que les fautifs n'étaient pas ceux que je croyais.

Mon mal-être, ma colère et ma haine ne venaient pas uniquement des blessures subies.

Privée de Sa présence, j'ai glissé au fond du puits, croyant encore tenir debout alors que je m'enfonçais.

Sans m'en rendre compte, je m'étais éloignée de la lumière, et c'est dans cette distance que tout s'est obscurci.

Je croyais être solidement ancrée, mais mes racines n'étaient pas assez profondes pour supporter l'épreuve.

Là où ma vie était gouvernée par la pensée que
« tout se paye »,
j'ai retrouvé le chemin de vérité et de vie qui m'a libérée : tout a été accompli.
Le prix a été payé à la croix, une fois pour toutes, par le sang de Jésus, l'Agneau de Dieu.

J'ai découvert que lorsque l'on s'approche de Dieu,
Il s'approche de nous.

« Approchez-vous de Dieu, et Il s'approchera de vous. » *(Jacques 4:8)*

Cette relation vivante avec Lui m'a appris que le pardon est un chemin de guérison,
que l'amour restaure là où tout semblait définitivement brisé, et que rien n'est jamais

irrémédiablement perdu entre les mains de Dieu.

Aujourd'hui, je peux témoigner que rien n'est impossible à Dieu.
Les murailles qu'Il abat restent à terre.
Les fondations qu'Il construit résistent aux tempêtes.
Les cœurs qu'Il guérit peuvent à nouveau aimer et être aimés.

Si tu es loin de Lui aujourd'hui, sache qu'Il t'attend.
Peu importe la distance, le temps écoulé ou les erreurs commises.

Il est là, patient, les bras ouverts.

Sa Parole rappelle avec douceur et avec amour à ceux qui sont fatigués, blessés ou tombés en chemin, à ceux qui n'ont plus la force ou l'envie de se relever :

« Car je suis l'Éternel, ton Dieu, qui te prends par la main droite, et qui te dis : Ne crains rien, je viens à ton secours. » *(Ésaïe 41:13)*

Si tu te reconnais dans certaines parties de mon histoire, dans l'éloignement, la culpabilité ou la douleur des relations brisées, sache que Dieu peut tout restaurer.

Il l'a fait pour moi. Il veut le faire pour toi.

Si tu es blessé, Il peut te guérir.
Si tu es perdu, Il veut te retrouver.

Si tu te sens brisé ou écrasé par la culpabilité, le poids de tes erreurs, rappelle-toi que c'est précisément pour ceux qui ont besoin de guérison que Christ est venu.

« Ce ne sont pas ceux qui se portent bien qui ont besoin de médecin, mais les malades. » *(Marc 2:17)*

C'est à la lumière de cette grâce reçue et de cette guérison vécue que j'ai fait mienne cette déclaration ancienne transmise par mes parents.

Ce sont ces mots de Josué, autrefois accrochés sur le mur de leur maison, que je choisis désormais d'élever comme une bannière pour ma propre vie :

« Moi et ma maison, nous servirons l'Éternel. » *(Josué 24:15)*

Ce n'est plus seulement le verset de mon enfance.

C'est devenu ma propre déclaration, ma vision pour ma famille et pour les générations à venir.

Si ces pages ont permis ne serait-ce qu'à une seule personne de trouver le Chemin qui donne la vie, alors tout cela en valait la peine.

Ma prière, en partageant ce témoignage, est qu'il puisse toucher des cœurs, restaurer des âmes, et glorifier Dieu.

Ce livre est né d'une connexion rétablie : avec Dieu d'abord, avec moi-même ensuite, et avec les autres aussi.

De cette reconnexion est née une mission impossible à ignorer : voir Sa volonté s'accomplir sur la terre comme au ciel.

Et si ce livre existe, c'est pour rappeler qu'en Dieu, il y a la vie, l'espérance et le salut pour quiconque choisit de croire.

Sa grâce inépuisable coule abondamment pour tous ceux qui se tournent vers Lui.

À Lui seul reviennent l'honneur et la gloire, pour ce qu'Il a fait, et pour ce qu'Il continue de faire.

« Tout ce que vous faites, faites-le de bon cœur, comme pour le Seigneur et non pour des hommes. » *(Colossiens 3:23)*

L'amour guérit.
Il transforme.
Il porte du fruit.

La grâce est un don gratuit.

Ce que l'on reçoit de Dieu est destiné à être partagé, sans jamais s'épuiser.

Si ces pages ont allumé une étincelle en toi, laisse-la devenir flamme.

Et si la flamme existait déjà, qu'elle puisse à son tour allumer beaucoup de lampes.

Maintenant, avance avec cette flamme.
Le monde a besoin de lumière.

Ce que tu as reçu, partage-le.

Si tu ne devais garder qu'une seule chose de ce livre, retiens celle-ci :

Recevoir, c'est donner.

Donner, c'est aimer.

Aimer, c'est pardonner.

Pardonner, c'est guérir.

Guérir, c'est être libre.

Être libre, c'est respirer.

Respirer, c'est vivre.

Vivre, c'est renaître **en Christ.**

Renaître en Christ, c'est partager.

Pour recevoir et redonner sans fin

REMERCIEMENTS

Avant toute chose, je rends grâce à Dieu.
Sans Lui, ce livre n'existerait pas.

Rien de ce qui est écrit dans ces pages n'aurait été possible sans Sa présence, Sa fidélité et Sa grâce.

Il est l'Auteur de toute restauration, la Source de toute paix et la raison de toute espérance.

C'est Lui qui a rétabli la connexion, restauré ce qui était brisé, et donné le sens, la force et la direction, nécessaires pour écrire ce témoignage.

Je souhaite exprimer ici ma profonde gratitude envers celles et ceux que Dieu a placés sur mon chemin et qui ont été, chacun à leur manière, des instruments de Sa grâce dans ma vie.

Je remercie mes pasteurs, mes responsables spirituels, ainsi que toutes les assemblées dans lesquelles j'ai été accueillie, et tous ceux qui m'ont accompagnée spirituellement, enseignée, encouragée et portée par la prière.

Merci pour votre fidélité, votre patience, votre écoute et votre engagement au service de Dieu et des âmes.

Vous êtes pour moi des bergers, mais aussi une véritable famille en Christ.

Je vous remercie, mes frères et sœurs en Christ, de chaque assemblée, pour vos prières, votre présence, vos encouragements et votre amour fraternel.

À travers vous, j'ai redécouvert ce que signifie appartenir à une famille spirituelle.

Je remercie ma famille, mes enfants et mes petits-enfants, pour ce qu'ils représentent dans ma vie et dans mon cœur.

Merci pour votre patience, votre amour, et pour les chemins que Dieu continue de tracer au milieu de nous.
Même au cœur des blessures, Dieu a semé des graines d'espérance.

Je remercie également mon conjoint, Khalid, pour sa présence, sa patience et son cheminement à mes côtés.
Que Dieu continue d'éclairer nos pas et de nous conduire, main dans la main, selon Sa volonté.

Je tiens aussi à remercier du fond du cœur toutes les personnes qui m'ont aidée dans la relecture de ce livre, ainsi que dans la création de sa couverture.
Votre soutien, vos conseils, votre temps et votre engagement bénévole ont été précieux.

Amis, membres de ma famille, frères et sœurs en Christ, vous avez contribué, chacun à votre manière, à l'aboutissement de ce projet.

Mes remerciements s'adressent tout particulièrement à **Ilona GABARRE, Faiza MERAH, Isabel DOS SANTOS, Sophie DUPONT, Pamela GUINEHEUX, Cosette AUGE, Jisca BURGOS** et **Jean-Emmanuel BURGOS** pour leur aide attentive dans la relecture de ce livre, ainsi qu'à **Jack BRUNET, Charlène N'GOUAKA** et **Thierry TALIS** pour la création de la couverture.

Merci aussi aux personnes qui ont contribué mais qui ont fait le choix de ne pas voir leur nom paraître publiquement.

Votre engagement bénévole et votre cœur au service ont été une véritable bénédiction.

Enfin, merci à toi, lecteur ou lectrice, d'avoir pris le temps de lire ce témoignage.

Si ces pages ont pu t'encourager, t'éclairer ou raviver une espérance, alors merci Seigneur, car toute la gloire Lui revient.

À PROPOS DE L'AUTEURE

Brigitte-Séphora BOMPARD – Cohéritière

Brigitte-Séphora BOMPARD est une femme, une épouse, une mère et une grand-mère, dont la vie a été profondément transformée par une rencontre authentique avec Dieu.

Issue d'un héritage spirituel transmis dès l'enfance, elle a pourtant connu l'éloignement, les blessures intérieures, les combats silencieux et les ruptures relationnelles qui marquent une vie. Pendant de nombreuses années, la douleur, la colère et la haine ont occupé une place centrale dans son cœur, jusqu'au jour où l'amour de Dieu est venu restaurer ce qui semblait définitivement brisé.

À travers ce témoignage sincère et sans détour, elle partage un chemin de réconciliation : avec Dieu, avec elle-même et avec les autres. Un chemin marqué par le pardon, la guérison intérieure et une foi devenue vivante, active et enracinée.

Aujourd'hui, Brigitte-Séphora écrit sous le pseudonyme Cohéritière, non comme une revendication, mais comme l'expression d'une identité retrouvée : celle d'une femme consciente de la grâce reçue et appelée à la transmettre.

Connexion rétablie est un témoignage né au cœur de l'épreuve, celui d'une vie restaurée et transformée par la grâce. Ce livre raconte l'histoire d'une relation retrouvée et d'une identité renouvelée, ancrées dans une conviction profonde : rien n'est impossible à Dieu, chaque vie est précieuse parce que Dieu est Amour.

www.ingramcontent.com/pod-product-compliance
Lightning Source LLC
La Vergne TN
LVHW050604200726
843508LV00010B/1753